LIVRE

A

EPELER

ET A

LIRE.

TROISIEME EDITION.

AUGMENTÉE ET CORRIGÉE.

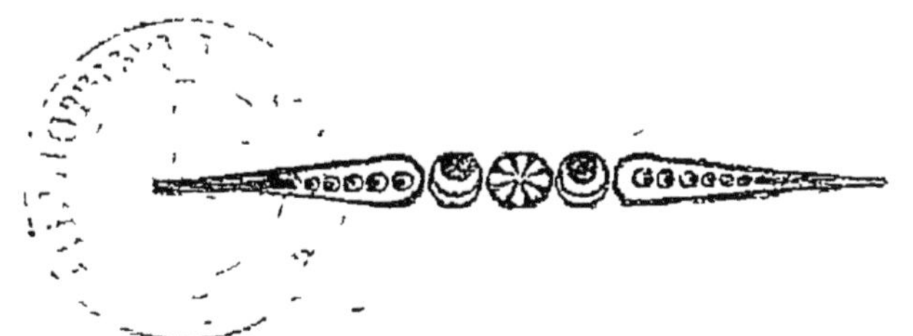

À AMSTERDAM.

Chez J. ten BRINK, Gz.

Libraire, dans le Warmoesstraat.

1811.

L'auteur ne reconnoît que les exemplaires signés par l'Editeur.

A B C D E F G H I J

K L M N O P Q R S T

U V W X Y Z

(') accent aigu	(ç) cédille
(`) accent grave	(..) tréma
(^) accent circonflexe	(') apostrophe
(,) virgule	(-) trait d'union
(.) point	(!) figne d'admiration
(:) deux points	(?) figne d'interrogation
(;) point et virgule	( ) parenthèfe

a.	e.	i.	o.	u.	y.
ca	---	---	Co	Cu	---
---	Ce	Ci	---	---	Cy
ca	ce	ci	co	cu	cy
ça	---	---	ço	çu	---
ga	---	---	go	gu	---
---	ge	gi	---	---	gy
ga	ge	gi	go	gu	gy
gea	---	---	geo	geu	---
gna	gne	gui	gno	gnu	gny
ha	he	hi	ho	hu	hy
ja	je	ji	jo	ju	jy
pha	phe	phi	pho	phu	---

qua	que	qui	quo	---	quy
ag	eg	ig	og	ug	---
au	eu	eau	eut	eux	éur
en	em	ent	vent	vents	tems
oï	oït	vois	voit	doit	loix
ou	dou	doux	vous	nous	tous
qua	que	qui	quo	quû	quy
qu'a	qu'à	---	---	---	qu'y
cha	che	chi	cho	chu	chy
chat	cher	chis	choc	chut	---
jar	jeux	jis	joc	jeur	---
gear	char	gez	chez		
Um	ut	ur	us	uc	ux

ib	ic	id	if	ik	im	ils
be	bé	bè	bê	bel		
ce	cé	cè	cê	ces		
che	ché	chè	ché	chez		
de	dé	dè	dê	dès		
fe	fé	fè	fê	fez		
ge	gé	gè	gê	gez		
gne	gné	gnè	gnê	gnez		
he	hé	hè	hê	---		
le	lé	lè	lê	les		
me	mé	mè	mê	mes		
ne	né	nè	nê	nes		
pe	pé	pè	pê	pes		
phe	phé	phè	phê	---		
re	ré	sè	rè	rets		
fe	fé	fè	fê	fes		
te	té	tè	tê	tes		
ve	vé	vè	vê	---		
xe	xé	xè	xê	xes		
ze	zé	zè	zê	---		

poul	fouls	foul	fout	vout
cour	four	tour	clou	chou
joug	moût	bourg	roux	août
loup	goup	houp	joup	coup
cou	cous	coux	court	coups

beuf	neuf	oeuf	feu	feux
bleu	peu	feul	deux	yeux
pleur	peur	meurt	pleurt	fleur
jeu	jeun	creux	veux	ceux

boeuf	oeuf	boeufs	oeufs	coeur
foeur	noeud	yoeux	moeurs	choeur

oeil	treuil	feuil	deuil	gueux
oui	bouis	buis	luit	fuit
muid	nuit	duit	fruit	luit

fuif	fuis	brui	bruit	puy
cuit	cuits	puits	fuit	huis

oit	boit	doit	goit	froid
poil	quoi	noix	mois	vois
toit	choir	loir	voir	foif
coin	groin	foin	loin	moins
oing	poing	point	coing	feoir

lieux	vieux	yeux	mieux	ceux
fieur				

bien	rien	tien	fien	chien
fier	hier	brief	grief	fief
pied	viez	niez	fied	ciel

air.	clair	chair	phair	lair
ain	plain	crain	plain	fain
ais	ait	plait	brait	tait

aix	bain	vain	main	rain
ein	bein	vein	mein	rein
ien	bien	vien	mien	rien
cein	dein	fein	lein	fein
cien	dien	fien	lien	fien
ceux	deux	veux	feux	peux
cieux	dieux	vieux	fieux	pieux
fein	feint	fain	faint	frein
aux	baux	caux	daux	faux
paul	fauf	faul	faut	vaux

Ca	ça	ga	gea	co	ço	go		
ce	ge	cu	çu	gu	geu			
ga	ge	gi	go	gu	go	gi	ge	ga
ca	ce	ci	co	cu	ça	ço	çu.	

Deux mots d'une syllabe.

ç'a	c'est	c'ont	c'eut
d'or	d'un	d'eux	d'où
l'os	l'eau	l'arc	l'oeil
m'as	m'eut	m'ont	m'ait
n'a	n'y	n'en	n'eus
qu'à	qu'eux	qu'ils	qu'un
qu'on	qu'hier	qu'en	qu'œil
s'y	s'en	s'est	s'il
t'y	t'eut	t'ait	t'ont

Mots de deux syllabes.

A-bats	ap-prêt	bé-ant	blo-cus
ab-fous	a-près	bel-le	blu-teau
ac-cueil	ar-cher	be-nin	blu-toir
a-veu	ar-rhe	bé-nir	boifer
ain-fi	au-get	ber-cail	bois-feau
a-tour	au-roient	ber-ceau	bois-fon
at-trait	ba-bel	ber-cer	bor-gne
ar-bre	ba-daut	ber-ger	bou-che
au-tel	ba-chot	be-foin	bou-ché
ab-ject	ba-gues	bes-fon	bou-cher
a-boi	ba-guier	bé-tail	bou-chez
ab-cès	bail-le	bê-te	brai-re
ac-cès	bail-leur	beu-gler	bran-chier
a-chat	bail-ieul	beur-re	bre-bis
a-cier	bail-lon	beur-ré	brê-che
ac-quit	bail-lif	bi-chon	brigue
a-cre	bai-fer	bi-ge	bri-foir
a-fin	bai-foient	bi-gle	bron-ze
a-gé	baisfer	bi-gler	brouil-lard
ai gu	bais-foient	bi-gne	brou-ïr
ail-leurs	bai-fant	bi-jou	bro-yer
aî-lé	bais-fant	bil-lard	bro-yeur
ai-miez	bas-fin	bil le	bu-veur
ai moit	ba-fin	bil-ler	Ca-brer
ai-moient	bas-fe	bil-let	ca-cher
a gueau	ba fe	bil-lon	ca-chet
a-mer	ba-fé	bis-cuit	ca-gne
a-men	bas-fon	blan-chet	ca-gneux
a nier	ba-fous	blê-me	cail-le
ap-pât	bâ-tir	bleu ïr	cail-lé
ap-peau	bau-mier	blin-des	cal-mé

cal-mer	ci-gne	dis-pos	flû-tes
cal-mez	ci-ment	di-vers	for-ça
câ-pre	ci-vier	di-zain	for-çoit
car-gues	claus-tral	dog-me	for-ge
car-ré	clou-fier	dô-me	forgeons
car-quois	co-gner	don-geon	four-gon
car-reau	comp-te	douil-le	four-chu
cau-fe	con-ftruit	dur-cir	fu-yard
cau-fer	crê-che	E-chec	fu yant
cel-le	cré-pir	ef fort	Gail-lard
ce lui	cy piès	ef-froi	geo-lier
cer ceau	cy-cle	en-jeu	geor-ge
cer-feuil	,, ca-chot	en-nui	gi-got
cer-veau	,, ce-lui	en-troient	gi-bet
cer-vier	,, ci-mier	ex-trait	gi-bier
cha-grin	,, co-ton	Fa-çon	gi-ron
chaî-ne	,, cu-ver	fau-con	gi-let
chaîneau	,, ca-mard	fa-got	gla-çon
cha-leur	,, cen-dre	fail-li	glai-reux
cha-lit	,, co-cher	fai-foient	glai-fe
chan-cel	,, ci-joint	fal-loir	glis-fer
chan-ceux	,, cou-reur	faux-bond	glis-foient
chan-ge	Da-gue	faux-fraix	goî-tre
chan-geant	dai-gner	fé-e	gor-ge
chan-teau	d'au-tant	fem-me	gor-ger
char-ge	dé-lai	fe-nouil	gour-me
char-gé	dé-but	fer-mail	gous-fet
char-geant	de-çà	fê te	gril-ler
char treux	de-cent	fê-'é	gri-fon
char-tier	dé faut	feuil-les	gru-ë
chas-foient	dé-goût	feuil let	gue-non
chan-fon	de-fert	fil-leul	gué-rir
chom-mant	det-te	fi-ler	guer-rier
cho-quant	di-gue	fi-lou	gué-tre

guê-tré	his-fer	jou-jou	lo-geant
guet-ter	ho-chet	jou-ir	lo-geons
gueu-le	hon-gre	joû-te	lo gis
gueu ler	hus-fard	jo-yau	lon-gue
gueu-fer	hous-foir	jo yeux	lon-gueur
gui-chet	ho yau	ju-bé	lor-gne
gui-gnon	hu-le	ju-cher	lor-gnons
guil-lot	hui-ler	ju choir	lo-yer
guin-der	hui-leux	ju-ge	lu-eur
guin-gois	huis-fier	ju-geons	ly-re
gui-fe	hui-tain	ju-gea	lym-phe
,, ga-geons	huî tre	jui-ve	Mâ-cher
,, gé-ant	hy-dre	ju-meau	ma çon
,, gi-ron	hym-ne	ju-ment	mail-le
,, go-be	lo-ta	jus-ques	man-geons
,, gue-ri	i-preau	juil-let	mal-gré
,, ga-gea	i-ris	la-cer	mar-ge
,, ge-lé	is-le	la çons	mar-queur
,, go-baut	i-tem	la-çant	mar-tyr
,, gî-te	Ja-dis	la-çons	milieu
,, guè-res	jar-gon	lan-çoir	moi-neau
Ha-choir	jau-ger	lan ges	moi tié
ha-ïr	jau-geur	lan-gueur	moi-gnon
ha-reng	jau-nir	lan-guir	mou-choir
har-nois	jean-ne	lar-geur	mou cheur
har-peau	je-ton	li-ais	mouil-ler
hau-bois	joi-gnant	lier-re	moul-loient
ha-vre	join-dre	li-gne	mo-yen
haus-fer	join-te	li gneul	myr-rhe
hau-te	joi-gnous	li-gneux	myr-the
hau-teur	jon ché	li-guer	Na-geur
hé-rault	jou ë	li-gueur	na ïf
hé-ron	jou ër	lon-ge	nei ge
hê-tre	jou ët	lo-ger	ner-veux

nè-veu	pê-cher	pui-né	ron-geànt
neu-ve	pé-ché	puis-fant	ro-gneux
neu-tral	pê-cheur	py-thon	rou-gir
ni-ais	pé cheur	quel-que	ruis-feau
ni-choir	pei gne	qui-gnon	ru-fons
niè-ce	pei-gner	quil-le	ru-che
niel-le	pei-gnier	queu-ë	Sa-blon
nord-ouest	pei-gnoir	quin-tal	fa-cré
no-yau	Pein-dre	quê-ter	fa-fre
nui-re	pein-tre	quil lon	fai-gner
nui-fant	pei-gnons	quin-ze	fei-gneur
Ob-jet	pei-gnant	quit-toient	fai-gnant
œil-let	per-çant	quoi-que	fai-gneur
œu-vre	per-ceur	Ra-cloir	fail-lant
oi-gnon	per çons	râ-fle	fan-guins
oin-dre	per-çoir	ra-ge	fau-ce
oi-feaux	per-çu	ra-goût	fau-ge
oi-feux	peu-reux	rail-ler	fca-breux
oi-fif	phé-bus	rail-leur	fe-cond
oi-fon	phé-nix	rai-fins	feg-ment
on-guent	phleg-me	ra-mier	fer-rail
or-ge	pi-geon	ran-çon	fi-gne
o-rient	pi-lon	ran-ger	fi-gnons
or-teil	pil-lons	ran-geons	fil-lon
ou-vroient	pin-çon	ran-geant	fo-leil
Pa-ge	poin-çon	ra-yon	for-cier
pail-le	poi-gnard	re-coin	foup-çon
pail-lon	poi-gnet	re-cours	four-nois
pa-fant	pois-fon	re-çu	fou-tien
pa-rent	poi-fon	re-cueil	fo-yeux
Pa-reil	poi-trail	re-gne	fquir-re
pa-thos	pouil-les	re-jet	ftri-bord
pa-ys	pour-voir	ro-gnon	fty-let
peaus-fier	pré-vôt	ro-gnant	fuc-tint

fuc-çons	thè-fe	ty-ran	ver-meil
fu-eur	tie-dir	U-fant	ver-rouil
fu-jèt	tier-ce	u-foient	ver-veux
fuis-fe	ti-guon	u-fons	vieil-lard
fui-te	toi-fe	Va-gue	vier-ge
fuin-ter	toi-fon	vail-le	vi-gne
fui-voient	tor-rent	va-feux	vi-gueur
fy-rop	traî-neau	,, veil-le	vo-gue
Tâ-che	traî-tre	,, veil-ler	vo-gueur
tâ-cher	tran-choir	,, vieil-le	voi-lier
tail-le	tra-vail	,, vieil-lir	voû-te
tail-ler	tré-for	veil-loir	vui-der
tail-lis	tri-gaud	ven-geur	Y-preau
tau-reau	trin-gle	ven-geons	Zé-phir
tei-gne	tro-gnon	ver-ge	zê-le
tei-gneux	trous-feau	ver-ger	zé-ro
tei-gnons	tu-eur	ver-gue	zô-ne
tei-gnant	ty pe	ver-jus	

Mots de trois fyllabes.

A-bais-feur	ac-cueil-lir	a-gres-feur
a-beil-le	ac-quit-ter	a-gne-let
a-bî-me	a cre-té	a-grai-re
ab-jurer	a-da-ge	a-gré-er
ab-hor-rer	ad-ja-cent	a-heur-té
a-bo-yer	ad-jec-tif	ai-glet-tes
ab-fou-dre	ad-ju-ger	ai-gris fant
ab-fyn-the	ad-ju-geons	ai-gu-ë
ac-col-ler	af-fi-che	ai-gua-de
ac-com-plir	af-fou-guer	ai-guiè-re
ac-croî-tre	af-freu-fe	ai-guil-le
ac-cou-cheur	a-gré-gé	ai-guil-ler

ai-gui-fer	Bail-le-ment	bouil-lan-te
a-jou-ver	ba-bi-che	bour-geoi-fe
a-lar-guer	ba-che-lier	bour geon-ner
al-lon-ger	ba-di-geon	bou reil-le
al-lé-guer	ba ga ge	bre-douil-le
a-mai-grir	ba-guet-te	bre-douil-loient
a-meu-blir	bai gnoi re	bri-ga-de
an-gois-fe	bai-fe-mains	bri-guâ-mes
an-gloi-fe	ban-da-ge	brou-ët-te
a-pô-tre	bar-bouil-lér	brouil-le-ment
ap-pa-reil	bar-bouil-loient	brn yè-re
a-qui-lin	bas-cu-le	Ca-bo-che
a-rè-ne	ba-tail-le	ca-che-ter
ar-gén-té	bé-gueu-le	caf-fe-tier
ar-gil-leux	bé-gui-ne	ca-gé-e
ar-moi-re	bé jau-ne	ca-gnar-de
ar-ran-geons	bê-le ment	caïl-le-ment
ar riè-re	bé-ni-gne	cal-cu-leux
ar-ro-gant	bien-fé-ant	ca-le-çon
ar-ro-geant	bi-gar-ré	cal-feu-trer
as-fas-fins	bi-jou-tier	cam-pê-che
as fi-gner	bil bo-quet	ca-nel-le
at-tei-gnons	bil-lon-ner	ca-rê-me
at-tei-gnoient	bis-fex-til	cé-lè bre
au-bai-ne	blan-châ-tre	cé-li-bat
a-veu-gle	blan-chis-fant	cen-tau-re
au-gé-e	blan-chis-feur	cer-vai-fon
au-gu-re	blas-phê-me	chaî-net-te
au-mô-nier	bo-ca ge	cha-moi-feur
au-tri-che	bo-he-mien	cham-pi-gnon
au-tru-che	bois-fe-lier	chan-gean-te
a-yeu-le	bor-gnes-fe	cha-pon-neau
a-zu-ré	bou-get-te	châ-tai-gne
a-zy-me	bouil-loi-re	che-vril-lard

chi-rur-gien	di-zai-ne	ex-a-men
clin-quail-le	douil-let te	ex-cel-lent
col-ly-re	dru-i-des	Fa-çon-nier
com-plai-gnant	dro-guis-te	fai-né-ant
con-flu-ent	E-bau-che	fai-ta-ge
con-ju-rer	é-blou ir	fa-mi-lier
con-noî-tre	é bau-choir	fan-geu-fe
con-tre-fcel	é-cail-le	fas-tu-eux
con-trô-leur	é-cail-leux	fa-ti-gue
con-vain-cant	é-chan-ge	fau cha-ge
cor-fa-ge	é-chan-geons	fau-cil-le
co-ti-gnac	é chan-fon	fa-yan-cier
cô-to-yer	é-chel le	fer-rail-leur
cri ail-leur	é-chi-quier	feuil la-ge
croi-fa-de	é-clip-fe	fil-leu-le
crou-piè-re	ef fra-yant	fla-gel-ler
cuil-le-ron	é-ga yer	fla-geo-let
cy ni que	é-glo-gue	fla-gor-ner
Dam-na-ble	é-lar gir	flo-til-le
dé-bau-che	é-mail-ler	fo lâ-tre
dé bou-ché	em-pê-trer,	for-ge-ron
dé-brouil-loient	é-mul-gent	fos-fo-yeur
dé-cein-dre	en chaî-ner	fre quem-ment
dé-cé vant	é-nig-me ;	frois-fe-ment
dé-chaî-ner	en-jou-é	fu-tail-le
dé-char-ge	en-tr'ac-te	fu-yan-te
dé-char-geons	en-tr'ai-der	Ga-bel-le
dé cou-fu	en-va-hir	ga-geu-re
dé-fron-çons	é-pa-gneul	gail-lar-de
dé-gueu ler	é-par-gne	gar-gouil le
dé-gui-fer	é-qua-teur	gau-loi-fe
dé lo-geons	es piè-gle	ge-nouil-leux
di-gni té	é-tan-çon	glan-du-leux
di-xiè-me	é-vê-ché	go-guet-tes

gre-nouil-le
gril la-de
gro-tes-que
gue-nil-le
gué-piè-re
gué-ri-don
gué-ri-fon
gué-ris-fons
gueu-lé-es
gueu-fail-les
gui-che-tier
Ha-bil-lé
har-gneu-fe
hau-ber-geon
ha-ran-gue
ha-ran-gueur
har-gneu-fe
haus-fe-col
her-biè-re
ho-ri-fon
hô-pi-tal
hor-lo-ge
hui-leu-fe
hui-tiè-me
I-dé-al
i-gna-re
i-gno-ble
i-gno-rant
im-po-li
im-pré-gner
in-dul-gent
in-é-gal
in-si-gne
in-tri-guer

ir-lan-dois
i-fo-lé
i-voi-re
i-vro-gne
i-vra-ye
Ja-chère
ja-lou-fe
jau-nâ-tre
jon-ché-e
jon-quil-le
jou-ail-lier
jou-is-fant
jo-yeu-fe
ju-bi-lé
Lâ-ché-té
la-cry-mal
lai-tiè-re
lan-gou reux
lan-guis fant
la-yet-te
lé ga tion
lé-gen-de
li-gna-ge
li-gné-e
li-gneu-fe
li-ma-çon
lor-gnet-te
lo-yau-té
Ma-cé-rer
mâ-choi-re
maî-tri-fe
man-gea-ble
man-geu-fe
man-geail-le

mé-gis-fier
mé-lan-ge
me-na ceur
mi-gnon-ne
mi-gnar-de
mi-to-yen
mois-fon-ner
mous-que-ton
mu-gis-fant
mu-rail-le
mys-ti-que
mys tè-re
Na geoi-re
na geu-fe
na-i-ve
na-fil-ler
na-vi-guer
nau-fra-ge
né-gli-gent
neu-viè-me
noir-cis-fant
noi-fet-te
non pa-reil
nour-ris-fon
non-cha-lant
nu-a-ges
nul-li-té
nu-tri-tif
O-bé-ir
ob-jec-tif
ob-fcur-cir
o-bli-ger
o-bli-geant
ob-fé-der

ob-sè-ques	por-phy-re	re-brous-ser
ob-struc-tif	pou-lail-ler	re-char-ge
ob-vi-er	pré-ci-eux	re-chauf-fer
o-di-eux	pré-co-ce	re-cher-cheur
oeil-la-de	pré-cur-seur	re-chi-gné
oeil-let-te	pré-ju-gé	re-cueil-lir
oeil lè-res	pres-ti-ge	ré-dui-re
oeil-le-ton	pro-chai-ne	ré-el-le
of-fus-quer	pro-mul-guer	re-fi-cher
oi-gne-ment	pu-é-ril	re-flé-chir
oi-gnet-te	puis-sam-ment	re-fou-loir
oi-se-leur	pu-pil-le	re-fro-gner
oi-si-ve	pyg-mé-e	ré-gen-ce
on-zième	py-ri-te	ré-gis-seur
o-pu-lent	Qua-li-té	re-gon-fler
o-ra-geux	qua-dran-gle	re-join-dre
o-reil-ler	qua-triè-me	re-joi-gnons
or-gueil leux	quel-qu'u-ne	ré-jou-ir
o-ril-lon	quel-con-que	re-lâ-ché
ou-äil-le	que-nouil-le	re-mouil-ler
ou-tra-geant	quin-qui-na	ren-ché-rir
o-xy-mel	quin-zai-ne	re-paî-tre
Pal-las-se	quit-tan-ce	ré-pu-gner
pa-lan-quin	Ra-bais-ser	re-vè-che
pé-né-trant	rac-cou-treur	ri-gi-de
pé-ril-leux	rac-cro-cher	ri-gou-reux
pé-tris-seur	ra-chi-tis	ro-cail-le
phi-o-le	raf-fû-ter	ros-si-gnol
phy-si-que	ra-goû-tant	rou-geo-le
plai-gnan-te	râ-le-ment	Sac-ca-geoient
plâ-triè-re	ran-çon-ner	sai-gné-e
po-è-te	ran-gé-e	sa-fra-né
poin-til-le	rap-pro-cher	sa-gou-in
poin-til-leux	re-bâ-tir	sai-gné-e

sail li-e	sym-bô-le	vais-sel-le
sau-mâ-che	sy-stê-me	ver-get-tes
sculp-tu-re	Tail lan-dier	ver-rouil-lé
sé-duc-teur	tail-lé-e	ver-tu-eux
sé jour-ner	ta-lin-guer	ves-ti ge
sé rin-gue	tan-ga-ge	veu-va-ge
sic-ci-té	thé-a-tre	vi-ci-eux
si-gna-ler	ti-rail-ler	vi-gno-ble
sin-cè-re	tour-bil-lon	vi-lai ne
six-iè-me	tra-gi-que	vil-la-geois
soi-gneu-se	tra-hi-son	vi-nai-gre
som-meil-ler	traî-tres-se	vingt-ié-me
som-me-lier	tré-bu chet	vo-lail-le
sor-ciè-re	tres-sail-lir	vol-ti-ger
sou-la-geant	tu-to-yer	vo ya-ge
sou-pi-rail	Ul-cè-re	vrai-e ment
soup-çon-ner	ur-gen-te	vui-dan-ge
spé-ci-eux	u-sa-ge	vul-gai-re
spon-gi-eux	u-vé-e	Zin-zo-lin
sug-gé-rer	va-cil-lant	zo-i-le
sur-veil-lant	va-gue-ment	zoo-phy-te

Mots de quatre syllabes.

Abaissement	antiquaille	bourgeoisie
abbrégement	apophtegmes	bucentaure
absorption	astrologue	buissonniere
accordailles	barbouillage	Cacochyme
acquiescement	bayonette	calamiteux
aiguillette	begaiément	califourchon
andouillette	bitumineux	cantharide
anguichure	blanchissage	castagnettes
anonyme	botanique	cénotaphe

chancellante fagotaille jugeassions
chancissure fébrifuge justifiant
chatouillement fenouillette Labyrinthe
chélidoine fiançailles lambrissage
corbeillée flamboyante latérale
croquignole fourbissure légéreté
curviligne fraternité législateur
Damasquiner funerailles léthargique
débarbouiller Gagne-petit ligamenteux
décacheter gasconnade linéament
dédaigneuse gasconisme logarithme
délogeâmes gigantesque Malveillance
démangeaison gnomonique marguerite
désennuyer gréfillement merveilleuse
desfèchement grossièreté mignardise
dévasrateur guérissable mignature
diocèse Habituelle mijaurée
dixièmement harengère muficien
dommageable hébraïque myriade
écrouëlles hémisphére mystérieux
élégance homogéne Nasilleuse
émaillure hygromètre navigable
embrouilleroient hypothéquer naumachie
enchifrené Impuissance nécessité
engageantes ingenieux néphrétique
éparpiller innocence néréides
éraillure islamisme Obélisque
escarmouche itératif obéissant
etançonner jalousie obligeamment
exigible janissaire odieuse
exigeassent jarretière ophthalmie
extinction jouissance orgueilleuse
Facétieux judaïque oublieuse
fainéanter judiciéux oxygène

B

Paragraphe
paraphernaux
parcheminier
paroissienne
paroxisme
payſage
périphraſe
philologue
pirouette
poéſie
poiſſonnaille
portraiture
prévoyance
Quarantième
quinteſſence
quotidien

Raboteuſe
racourciſſant
rechargeâmes
rectiligne
récueillement
remouillâmes
repréſailles
rongemaille
Sacrilège
ſanguinaire
ſanguinolent
ſchiſmatique
ſeigneurie
ſignature
ſoupçonneuſe
ſubdélégué

ſubjugueras
ſynonyme
Taupinière
ténébreuſe
tranquillité
typographe
Ultramontain
uſuraire
Véhémence
vengereſſe
ventriloque
victuailles
vigoureuſe
vingtièmement
Zibeline

Mots de cinq ſyllabes.

Abbreviateur
abnégation
accélérateur
accompagnement
acquiſition
adolescence
aggrégation
authenticité
Baccalauréat
bénéficence
blasphématoire
caſualité
champignonnière
chataigneraie

chirurgicale
chronologique
conciergerie
Damasquinure
déchaperonner
dédicatoire
défrichaſſions
depareillaſient
dyſſenterie
Eblouiſſement
effarouchaſſent
émancipation
embarraſſeroient
empoiſonnement

empoiſſonnement
encourageames
enfantillage
énigmatique
enthouſiasme
éphémérides
équarriſſage
extravagance
Falſificateur
faſcination
fayancerie
ferrugineuſe
flexibilité
hémorrhoïdes

hebdomadaire	Jouaillerie	Palpitation
héterogène	Lanugineufe	particularifer
hiérarchie	légitimité	pécuniaire
hiéroglyphique	lexicographe	pénitencieux
hydrographique	lithotomiste	préparatoire
idolâtrâtes	littérature	preftigiateur
imbécillité	longanimité	Quadragénaire
impartageable	luthéranisme	Rapiécetage
impraticable	Machicatoire	réjouiffance
imprécatoire	magicienne	répréhenfion
indivifible	magnanimité	Scintillation
incapacité	mahométisme	fexagénaire
incombustible	malédiction	fubfidiaire
indifférence	maléficié	fubftitueroient
indiscrétion	maquignonnage	fysthématique
inégalité	méconnoisfable	Taciturnité
inexorable	métallurgiste	térébenthine
inextinguible	métempfycofe	tergiverfateur
inexpugnable	mythologie	Univerfelle
inopinément	Numismatique	Vacillation
inftitutrice	Obéiffance	vermiculaire
israëlite	orbiculaire	

Mots de fix fyllabes.

Accommodation	avictuaîllement
accumulation	Bibliothécaire
adminiftratrice	Caractéristique
aliénation	cartilagineufe
antifcorbutique	cérémonieufe
apocalyptique	charlatanerie
approximation	compreffibilité
archiépiscopal	concaténation

Debarbouillasſent
déménageasſions
désobéisfance
désobligeasfiez
diaphanéité
diaphorétique
divifibilité
Ejaculatoire
encou ageasſions
encyclopédie
enorgueillisſions
épigrammatiste
évanouisſ ment
excoriation
excommunieroient
expérimentale
Familiarifer
fanfaronnerie
Garga ifasſions
généalogiste
glorification
gratification
gigantomachie
Homologation
hypocondriaque
Imagination

Impalpabilité
imposſibilité
inaccommodable
indisciplinable
infaillibilité
interlinéaire
interrogatoire
Juſtificative
Malicieuſement
martyrologiste
mathématicien
Negociation
Pétrification
rolisſonneries
précipitation
préjudiciable
propiciatoire
purificatoire
pufillanimité
Réasſignation
réconciliateur
Septentrionale
Transfiguration
Univerſalité
Valétudinaire

Mots de ſept ſyllabes

Antichristianisme
apothicairerie
Béatification
Coadjutorerie

conſciencieuſement
conſtitutionnaire
conſubſtantialité
Détérioration

discontinuation	incombustibilité
Eccléfiaftiquement	Lapidification
Fidéïcommiffaire	Naturalifation
Immiféricordieux	Réappréciation
impénétrabilité	récapitulation
indivifibilité	réédification
imprefcriptibilité	Sécularifation

Mots de huit fyllabes.

Aristodémocratique	incommenfurabilité
approvifionaffions	incompréhenfibilité
Familiarifaffions	irreconciliablement
Immiféricordieufe	irrepréhenfibilité

RAPPROCHEMENT

De quelques fons, qu'il faut fe garder de confondre.

Ache	chaîne	ces	ouï	lacer
âge	chienne	fes	file	laffer
biche	fienne	c'eft	fille	lacher
hige	chou	gofier	ville	loix
bêcher	joûte	gaucher	pillez	l'oie
baifer	char	cocher	pilier	fraiche
baiffer	jars	figer	piler	fraife
cache	chapeau	ficher	po'ffon	franche
cage	chabot	fiffiez	poifon	frange
cafe	jabot	des heros	puiffant	genou
caffe	cinq	des zeros	puifant	chez nous
chaife	ceint	des hêtres	leçon	fonger
fiege	fain	des êtres	laiffons	joncher
chére	fein	j'ai eu	les fons	chardon
chaire	faint	des oeufs	laid	jargon
chéne	feing	oui	lait	juger

jucher	déchirer	gai	le hâle	plû
manchon	chose	geai	haute	plu
mangeons	j'ose	guet	hôte	prix
menage	chiffre	gelé	botte	pris
manège	givre	je l'ai	pêcheur	présent
menace	giron	gens	pecheur	pressant
n'est	chiron	Jean	sûr	croisant
naît	somme	grace	sur	croissant
net	pseaume	grasse	là	tyran
ouvre	chomme	graisse	la	tirant
oeuvre	chaûme	Grèce	où	vous usiez
feuil	beauté	grand'mère	ou	vous eussiez
feul	botté	grammaire	crû	valoir
siphon	tache	gueres	cru	faloir
chillon	tâche	guerre	crud	&c. (*)
desirer	gué	la halle		

Il y a plusieurs mots où le qu se prononce kw, voici ceux qui se présentent le plus souvent :

Aquatique	Quadragénaire
Equateur	quadragésimal
équation	quadrangulaire
équestre	quadrature
équiangle	quadrupède
équilatéral	quadruple
équitation	questeur

(*) On se contente d'indiquer ces mots, laissant aux maîtres le soin d'en faire sentir, à leurs disciples, la vraie prononciation et d'en former des phrases pour en faire voir la signification à ceux qui sont plus avancés.

Phrases pour la prononciation de l'e muët, de la terminaison des troisièmes personnes *ent*, *oient*, des consonnes finales quand le mot suivant commence par une voyelle, &c.

Je ne me le rappelle pas.

Que ne me le répétes tu?

Ne te le demande-t-elle pas?

Ce ne sera ni ce soir ni demain.

Tu ne te le feras pas dire, si ce que je te prédis ne-t-y arrive point.

Ne seroit-ce que parce que je te le dis?

Les animaux vivent, mangent, boivent, courent, croissent et meurent.

Les oiseaux volent, chantent, pondent et couvent leurs oeufs.

Les poissons ne courent ni ne volent; mais ils nagent, ils vivent dans l'eau.

Les insectes rampent, courent, volent, nagent et pondent des oeufs.

Les amphibies nagent et courent, ils vivent dans l'eau et hors de l'eau.

Les reptiles n'ont ni des pieds comme les animaux; ni des ailes comme les oiseaux; ni des nageoires comme les poissons: ils ne courent, ni ne volent, ni ne nagent; ils rampent.

Les arbres ne rampent ni ne nagent, ni ne volent ni ne courent; mais ils croissent et grandissent et portent des feuilles; ils restent toujours attachés au même endroit.

Cet enfant lisoit, écrivoit et chiffroit à merveille.

Sa conduite plaisoit à ses parens qui aimoient et récompensoient tous les enfans qui se conduisoient sagement.

Ce marchand achetoit, vendoit, rachetoit et revendoit et gagnoit toujours.

Ces écoliers apprenoient asfez bien ; ils étudioient et fe récréoient tour à tour.

Ils étoient heureux ; car ils dansoient, chantoient et rioient du matin au foir.

Pourquoi donc ces enfans étoient ils fi coutens ? c'est qu'ils ne fongeoient jamais à jouer, qu'après avoir fait leur ouvrage.

Ces hommes n'étoient pas à leur aife ; ils ne fe portoient pas bien ; ils ne mangeoient, ne buvoient, ni ne parloient ; ils ne favoient ce qu'ils vouloient.

Un homme habile en ces affaires s'y prendroit d'une autre façon.

Ne le leur ai-je pas dit ? je favois qu'ils iroient et reviendroient et fe tourmenteroient envain.

Je voudrois qu'ils s'arrangeasfent et ne négligeasfent pas leurs affaires.

Il faudroit qu'ils s'avançasfent et ne nous menaçasfent pas de loin.

Agisfez avec eux comme ils en ont agi avec vous.

Effacez en deux ou trois et laisfez en cinq ou fix.

Lifez cu écrivez ou jouez enfin ; au moins occupez vous.

Fuyez avec foin les enfans adonnés au menfonge.

Parlez avec fincérité ; mais furtout apprenez à refléchir avant que de parler.

Celui qui dit un menfonge ne fait ce qu'il entreprend ; il faudra peut-être qu'il en invente une infinité, pour foutenir celui qu'il vient de dire.

Je fuis asfez jeune encore ; il y a peu d'années

que j'étois encore au berceau ; je ne pouvois ni marcher ni parler.

Maintenant je marche et je parle ; mais il y a bien des choses que je ne fais pas encore.

Mes parens ont eu grand soin de moi ; ils me pourvoient tous les jours de tout ce qu'il me faut.

J'ai besoin de nourriture et ils me nourrissent.

J'ai besoin d'habits et ils m'en donnent.

Il me faut un logement et ils me logent.

J'ai besoin d'instruction et ils m'instruisent et me font instruire.

Combien ne dois-je pas à mes parens ! Que ferai-je pour m'acquitter de ce que je leur dois ?

Je les aimerai, je leur obéirai, j'apprendrai avec application.

Un bon enfant doit faire tout ce que ses parens veulent qu'il fasse ; car les parens savent mieux ce qui nous est utile ou nuisible que nous mêmes.

Nos parens veillent sur nous, travaillent pour nous et ont soin de nous.

Tous les hommes travaillent les uns pour les autres.

Les maçons et les Charpentiers nous construisent des maisons.

Les menuisiers et les tourneurs font des meubles.

Les tailleurs nous font des habits.

Les laboureurs sèment le blé.

Les meuniers en font de la farine.

Les boulangers en font du pain.

Les bouchers nous procurent de la viande.

Les petits enfans ne travaillent point ; il faut qu'ils apprennent, et s'ils apprennent bien, ils pourront aussi travailler pour les autres quand ils seront devenus grands.

Celui qui n'a pas appris à faire quelque chose

pour un autre ne mérite pas qu'un autre fasse, quelque chose pour lui.

Le paresseux ne vit pas content et le méchant n'a point de repos.

Ils est bon qu'il y ait des écoles, on y apprend de bonnes choses.

A l'école on instruit les enfans; ils y apprennent à lire, à écrire et à chiffrer.

Les enfans qui ne peuvent point aller à l'école font bien malheureux, et ceux qui n'y veulent pas aller font bien méchans.

Les urs et les autres n'apprendront rien, et quand ils feront devenus grands, ils ne sauront ni lire, ni écrire; à quoi feront ils bons? personne ne pourra les employer; ils feront bien à plaindre.

FABLES et CONTES.

I.

Le Serin et le moineau.

Un enfant avoit reçu de son père un serin qui chantoit à merveille.

Peu de tems après cet enfant atrappa un moineau.

Ce moineau ne chantoit point; il ne faisoit que crier pi, pi, pendant toute la journée.

Il faut, dit l'enfant, que je le mette tout près de mon serin; peut-être aprendra-t-il alors à chanter aussi.

Il le fit; mais le moineau, bien loin d'aprendre à chanter, gâta le chant du serin et tous deux ne faifoient bientôt que crier pi, pi, du matin au foir.

„ Les bons enfans doivent éviter la compagnie „ des méchans; car bien loin de corriger ceux-„ ci, il y a dix contre un à parier, qu'ils feront „ corrompus eux-mêmes.

2.

L'Enfant et le miroir.

Un autre enfant, tout jeune encore et qui avoit été élevé dans un pauvre village, vit un jour qu'il vint dans la maifon de fa mère, un grand miroir.

Il s'arrête, il y voit une figure comme la fienne, il ne fait ce que c'est; il avance, il recule, la figure en fait autant, il regarde derrière le miroir et ne voit plus rien.

Le voilà de nouveau devant la glace; il montre le poing à l'enfant qu'il y voit, celui ci en fait autant, il fe fâche et veut le battre; mais la glace arrête fa main.

La mère vient fur ces entrefaites; il fe plaint et dit, que le méchant que voilà veut le battre.

Non, dit la mère, c'est toi qui as commencé; tiens, tends lui la main, il te tendra la fienne. Tu fouris, maintenant, le voilà qui fourit aufi.

„ C'est l'emblême de ce qui arrive dans la fo-„ cieté; fi nous faifons du bien aux autres, ils „ nous en font; fi nous leur faifons du mal, ils „ tâcheront de nous en faire.

3.

Le Sanglier et le Renard.

Le Sanglier étoit occupé à aiguiser ses défenses contre le tronc d'un arbre, quand le Renard, qui passoit par là, lui dit: pourquoi ces préparatifs de guerre lorsqu'il n'y a point d'ennemi aux environs? Il se peut qu'il n'y en ait point, dit le Sanglier; mais vous savez, maître Renard, que pendant la paix il faut se préparer à la guerre; car au moment du danger on pourroit bien n'en avoir pas le tems.

„ En toutes choses il faut voir en avant, et „ prendre garde de n'être jamais pris au dé- „ pourvû.

4.

Les deux Livres.

Deux livres habitoient ensemble, côte à côte, sur une planche. L'un étoit neuf, relié en maroquin et bien doré sur tranche, l'autre étoit couvert d'un vieux parchemin et presque rongé des vers.

Le livre neuf, tout fier de sa parure, s'écrioit: Que-l-on m'ôte d'ici! Oh! comme il sent mauvais! Compère! lui dit le vieux livre, un peu moins de dédain; peut-être pourroit on vous valoir. Tais-toi, répondit le premier, on voit bien à ton habit, que tu ne vaux pas la peine qu'on te regarde.

Sur ces entrefaites vient un homme de lettres. Il demande à voir des livres. On lui en montre.

A l'aspect du livre neuf, oh, la pauvre marchandise ! s'écria-t-il, que faites vous de ce mauvais poéte? C'est bien du maroquin perdu.

Le vieux livre tombe entre ses mains; c'étoit un auteur rare et estimable, l'homme de lettres l'admire et l'achete.

„ Le fat et le petit maitre rougissent d'être à
„ coté du sage mal vêtu. Cependant l'un est un
„ homme, tandis que l'autre n'est souvent qu'un
„ habit.''

5.

L'Homme, le Chat, le Chien, le Cheval et la Mouche.

Pressés par la nécessité, les animaux vinrent un jour offrir leurs services à l'homme. Tant que chacun d'eux n'avoit recherché que son bien particulier, ils n'avoient vécu qu'avec peine.

Mille soins, mille frayeurs troubloient leur vie malheureuse ; ils trouvoient un jour à manger et le jour suivant ils mouroient de faim. Ils virent enfin, que la vie sociale pouvoit seule leur procurer une nourriture assurée, et qu'un échange de travaux etoit le moyen que l'homme employoit, pour satisfaire à ses divers besoins. Le chat maigre et foible, à demi-mort de faim, demanda le premier audience.

Parlez, dit l'homme, quels services me rendrez-vous pour la nourriture que je vous donnerai?

Mes dents et mes griffes, vous serviront utilement, je détruirai les souris et les rats qui gâtent vos meubles, et mangent vos provisions.

Fort bien, dit l'homme, je vous retiens à mon

fervice : et vous maître Mouflar que favez vous
faire ?

Pour moi, dit le chien, je fuis en état de vous
rendre de fort bons offices ; j'écarterai les voleurs ; je veillerai fur la maifon pendant la nuit ;
je vous défendrai quard on vous attaquera ; je
garderai vos troupeaux ; j'irai à la chaffe avec
vous, enfin je vous ferai fidèle et je ne vous aban-
donnerai jamais.

Fort bien, fort bien, dit l'homme, vous ferez
mon ami et mon camarade, je vous retiens auffi ; tenez parole, et vous ne manquerez de rien
avec moi.

En ce cas là, dit le cheval, je vous offre auffi
mes fervices ; je puis vous transporter partout
avec une extrême vitesfe ; je puis trainer ou porter des fardeaux pefans ; voyez fi je vous con-
viens ; je ne demande pour falaire qu'un azyle
pendant l'hyver, et du foin ou de l'avoine pour
toute nourriture.

Vous pouvez être d'une grande utilité, répond
l'homme, j'accepte vos offres ; vous ferez bien
nourri et bien logé.

La mouche la-desfus vient auffi bourdonner à
fes oreilles, et vous, lui dit l'homme, quels fervices peut-on attendre de vous ?

De moi ? dit l'infecte ailé. Je penfois que vous
connoisfiez mieux ma naisfance ; je fuis gentil-
homme, je ne travaille pas, je ne vis que pour
mon plaifir.

Ôte toi donc de cette pêche, dit l'homme, un
oifif ne la mérite pas ; c'est à celui qui a prépa-
ré la terre et planté l'arbre à manger le fruit.
Va-t-en chercher ta nourriture fur le fumier.

La mouche veut repliquer ; mais l'homme l'écrafe d'un feul coup.

„ Les Hommes réunis en focieté doivent tous „ travailler pour le bien public, aucun n'est fait „ pour l'oifiveté.

6.

Le lièvre et fes amis.

Un lièvre vivoit d'accord avec les animaux fes compatriotes. Connu de tous, n'en ayant jamais offenfé aucun et les aimant de bon cœur, il s'en croyoit aimé, ainfi qu'ils le lui avoient dit cent fois.

Un jour, forti de grand matin pour brouter le thym couvert de rofée, il entend le bruit des chasfeurs. Il fuit le fon du cor, gagne au large, s'arrête, halète, prête l'oreille et entend la mort s'approcher. Il rufe pour tromper les chiens, confidère le circuit qu'il a fait et court encore à perte d'haleine. Enfin tombant dans le grand chemin, il y reste à demi-mort de frayeur et d'épuifement. Mais quelle joye quand il apperçoit le cheval qui vient à lui!

Permettez moi, lui dit il, de monter fur votre dos. Que j'aye le plaifir de devoir la vie à mon plus cher ami: vous favez que les chiens me fuivent à la piste, que mes pas me trahisfent et puis tout fardeau est leger quand on le porte pour un ami.

Mon cher enfant, lui dit le cheval, je fuis au défefpoir de te voir dans cet état; mais prends

courage, le secours est proche, tous tes amis
sont derrière moi.

Le pauvre lièvre s'adresse au taureau; celui-ci
répond : tous nos amis vous attesteront que je
vous veux sincèrement du bien, je puis donc en
agir librement avec vous ; j'ai des affaires pres-
santes et ne puis vous servir cette fois; mais
voyez... voilà le bouc qui vient.

Celui-ci observa l'agitation du pouls du lièvre,
sa tête languissante, ses yeux éteints; la froideur
de mon dos, dit-il, pourroit vous faire mal. La
laine est chaude, voilà la brebis.

La brebis dit qu'elle étoit foible et se plaignit
du poids de sa laine. Je suis lente, ajouta-t-elle;
de plus très peureuse, je vous l'avoue ; les chiens
mangent les brebis tout comme les lièvres.

Un veau trottoit derrière les autres ; la bête
poursuivie s'adresse à lui, le supplie de garantir
de la mort un ami malheureux.

Moi, répond-il, dans un âge si tendre, m'en-
gagerois-je dans cette entreprise ? Des animaux
plus vieux, plus habiles ont passé auprès de
vous, ils sont tous forts et moi je suis foible.

Si je tentois de vous emporter ils pourroient
s'en tenir offensés.

Excusez-moi donc, vous savez quel est le fond
de mon cœur; mais les meilleurs amis, hélas!
sont obligés de se quitter. Ah! que nous allons
tous vous pleurer ! Adieu ! j'entends le cor et voilà la meûte.

„ Ceux qui ont beaucoup d'amis en ont rare-
„ ment un véritable. La prospérité donne des amis
„ et l'adversité les met à l'épreuve.”

7.

La servante, le tourne-broche et le boeuf.

Où donc, s'écrioit une servante, où donc est ce vilain tourne broche ? Il faut que je serve à deux heures et si je ne l'attrape, le roti se gâtera et j'en aurai la faute.

En disant cela, elle sort de la cuisine, prend un manche à balai et pourfuit le chien ; mais celui-ci s'enfuit de plus vite ; elle lui parle tour à tour avec douceur et menaces ; le tout en vain ; Laridon court toujours en hurlant de peur.

Fut-il jamais, s'écrie-t-il, un chien aussi malheureux ? Quelle étoile m'a donc vu naître ? faudra-t-il tourner cette maudite roue tant que je vivrai ? l'indigne tâche ! Dans toute ma famille, dans toute ma race il n'y a point d'esclave comme moi. Si j'étois né d'une autre espèce j'aurois vécu dans l'indolence et dans l'oisiveté, fêté, caressé comme tous les autres bichons ; ou si j'étois lévrier, je partagerois le plaisir de la chasse avec les hommes. Si j'étois né du lion je ne craindrois personne et je serois parfaitement indépendant ; ou plutôt pourquoi ne suis-je pas homme ? c'est alors que je serois heureux.

Par hazard un boeuf entendit ses plaintes et réprimanda ainsi ce paresseux : Oses-tu bien accuser le destin de partialité ? Ton fort n'est il pas infiniment plus doux que le mien ? Je suis condamné au travail dès ma première enfance ; je traine pendant des journées entieres la charruë ou le chariot ; enfin on me tue et peut-être tu tourneras un jour la broche, tandis qu'on y rôtira ma chair et qu'on te donnera mes os à ronger pour prix de tes peines.

Le chien répond : jusqu'à préfent j'avois tout vu d'un oeil envieux ; que nous jugeons fauffement fur les apparences ! Toutes les créatures ont leurs fardeaux et leurs douleurs, à ce qu'il paroît ; et fi ce puiffant animal fe plaint, l'homme éprouve peut-être de plus grandes peines. Faifons taire notre envie, penfons au boeuf et vivons contens.

Il dit, rentre à la cuifine et monte avec joye dans la roue.

„ Notre condition ne nous paroît fi mauvaife,
„ que parceque nous avons la manie de la com-
„ parer avec d'autres, qui nous femblent meil-
„ leures ; le font elles ? non ; mais nous les ju-
„ geons telles, parceque nous ne faifons atten-
„ tion qu'aux avantages de ces états, que nous
„ comparons enfuite fubtilement avec les défavan-
„ tages du nô re. Le beau fecret pour fe croire
„ malheureux !

„ Soyons juftes ! ne perdons pas de vue les a-
„ vantages de notre condition et nous verrons que
„ nous avons tous lieu d'être contens.

8.

L'or ne guérit pas de la faim.

Pythias, Gouverneur d'une ville de Lydie, étoit un homme riche et avare, qui faifoit creufer des mines dans tout le pays, de maniere qu'il ne restoit presque plus de terres pour labourer. Sa femme lui fit fentir par un ftratagême adroit,

l'extravagance d'une telle conduite. Pendant l'abfence de fon mari elle fit faire une table d'or,
ainfi que tous les vafes qui fervent à la table :
elle fit de même repréfenter en or la figure des
mets que fon mari aimoit le plus. Lorsqu'il fut
de retour, on mit devant lui, à l'heure du repas,
la table et les vafes d'or. Ce fpectacle le rejouit
d'abord ; mais la faim commençant à le preffer,
il ordonna qu'on fervît. On lui apporta les mets
d'or fabriqués en fon abfence. Pythias commença
à s'ennuyer de ce jeu et tout en colère, demanda
quelque chofe à manger. ,, Ne voyez vous pas,
lui dit alors fa femme, que l'or ne nourrit pas?
Vous ne fongez qu'à tirer de l'or du fein de la
terre, au lieu d'en tirer les fruits néceffaires à la
vie. Vous ruinez l'agriculture, et tous vos fujets
mourront bientôt de faim, fi vous continuez."

Pythias profita de cette leçon et changea de
conduite.

9.

Bel exemple de justice d'un Vifir turc.

Un marchand turc avoit perdu dans les rues fa
bourfe qui contenoit deux cens pièces d'or. Il
s'adreffa au crieur public, et lui ordonna de dé-
clarer qu'il donneroit la moitié de la fomme à celui qui l'auroit trouvée.

Elle étoit tombée entre les mains d'un matelot
qui aima mieux faire un gain légitime, que de fe
rendre coupable d'un vol, en gardant le tout. Il
confeffe donc au crieur, qu'il a trouvé la bourfe
et s'offre à la rendre en recevant la moitié. Le
marchand paroît auffi-tôt; mais charmé de retrou-

ver son argent, il auroit voulu se dégager de sa promesse. Il eut recours au mensonge et prétendit, qu'avec les deux cens pièces d'or, il y avoit dans la bourse une précieuse émeraude, qu'il redemande au matelot. Celui-ci prend le ciel et le prophète à temoins qu'il n'a point trouvé d'émeraude. Cependant il est conduit devant le Cädi avec une accusation du vol. Soit injustice, soit négligence, le juge déchargea le matelot du crime de vol; mais lui reprochant d'avoir perdu par sa faute un bijou précieux, il le força de rendre les deux cens pièces d'or au marchand, sans en tirer aucune récompense. Une pareille sentence ruinant tout-à-la fois l'espérance et l'honneur du pauvre matelot, il en porta sa plainte au Visir.

Toutes les parties furent assignées devant lui. Après avoir entendu le marchand, il demande au crieur, ce qu'il avoit reçu ordre de publier. Celui-ci déclara ingénûment qu'on ne lui avoit parlé que de deux cens pièces d'or. Le matelot fit serment, qu'il n'avoit trouvé dans la bourse que les deux cens pièces d'or. Enfin, le Visir porta cette sentence: Puisque le marchand a perdu une émeraude, il est manifeste que la bourse et l'or que le matelot a trouvés ne font point ce que le marchand a perdu; c'est un autre qui a fait cette perte. Que le marchand continue donc à faire crier son or et son émeraude, jusqu'à ce qu'ils lui soient rapportés par quelque personne qui ait la crainte de Dieu.

A l'égard du matelot, il gardera, pendant quarante jours, l'or qu'il a trouvé, et si celui qui l'a perdu ne se présente point dans cet espace de tems, il en jouira légitimement, comme d'un bien qui lui est dû. — Cet exemple singulier de justice est arrivé au commencement du siècle passé.

10.

Le trompeur qui se trahit soi même.

Un marchand chrétien ayant confié à un chamelier turc un certain nombre de balots de soie, pour les transporter d'Alep à Constantinople, se mit en chemin avec lui; mais au milieu de la route, il tomba malade, et ne put suivre la caravane, qui arriva longtems avant lui. Le chamelier ne voyant point venir son homme au bout de quelques semaines, s'imagina qu'il étoit mort, vendit les soies et changea de profession.

Le marchand chrétien arriva enfin, le trouva, après avoir perdu bien du tems à le chercher et lui demanda ses marchandises. Le fourbe feignit de ne pas le connoître, et nia d'avoir jamais été chamelier. Le Cadi devant lequel cette affaire fut portée, dit au chrétien: Que demandes-tu? vingt balles de soie, répondit-il, que j'ai remises à cet homme.

Que réponds-tu à cela? dit le Cadi au chamelier. Je ne sais ce qu'il veut dire avec ses balles de soie et ses chameaux; je ne l'ai jamais vu ni connu, et je jure de n'avoir jamais été chamelier, répondit celui-ci. Alors le Cadi se tournant vers le chrétien, lui demande quelle preuve il pourroit donner de ce qu'il avançoit; le marchand ne put que dire, que sa maladie l'avoit empêché de suivre le Chamelier et la caravane. La dessus le Cadi leur dit, à tous deux, qu'il lui falloit de

meilleures preuves pour prononcer: ayant dit cela,
il leur tourna le dos et pendant qu'ils sortoient ensemble, il se mit à une fenêtre et cria assez haut:
„ Chamelier, un mot!" Le Turc aussi-tôt tourna
la tête, sans songer qu'il venoit d'abjurer cette
profession. Alors le Cadi lui fit donner la bastonna-
de et le condamna à payer au chrétien sa soie et
de plus une amende considerable pour le faux serment, qu'il avoit fait.

HISTOIRE
DE
HENRI WILKINS.

1.

Henri Wilkins, fils unique d'un riche marchand
de Dublin, devint la douleur de ses parens et la
honte de sa famille par son étourderie et sa dés-
obéissance; comme vous allez le voir par l'histoire
suivante. Puisse ce récit servir à vous détourner
du mal et à vous faire voir combien un enfant peut
se rendre malheureux en méprisant les leçons et
les bons avis de ceux qui ont soin de son éducation et n'envisagent que ce qui lui est salutaire.

2.

Passons sous silence les premières années de sa
vie, qui n'offrent rien de fort remarquable et
commençons son histoire par sa dixième année.
Ce fut alors qu'il eut le malheur de perdre sa-

mère. Son père, connoisfant l'humeur et le caractère de Henri et fachant combien les foins de fa tendre époufe avoient contribué à le tenir en bride, fe vit obligé de le placer, dans une penfion, d'autant plus que fes affaires l'empêchoient de veiller lui-même à l'éducation de fon fils.

Henri partit donc pour fa penfion, mais quoiqu'il y trouvât un précepteur très-habile et très-foigneux, il ne profita guére de l'inftruction de celui-ci; car il étoit inattentif, oublieux et craignoit la peine. S'il avoit une tâche à faire il commençoit toujours le plus tard poffible; puis il tâchait de l'expédier au plus vite; mais par là il s'en acquittoit fi mal qu'il étoit obligé de la refaire, pendant le tems que les autres difciples fe récréoient, et la punition fuivoit fouvent fa négligence.

3.

Le maître voyant que ce difciple ne lui feroit pas honneur et que tous fes efforts feroient vains, pria le père de le reprendre; car, dit il, vous employez votre argent en pure perte.

On conçoit facilement combien cette nouvelle fut défagréable au père. Cependant il efpéroit encore que le tems et fes foins pourroient corriger fon fils; il le prit donc chez lui et lui procura des maîtres dans la maifon.

Tous les foirs, après avoir achevé fes affaires, le père faifoit venir Henri devant lui et lui demandoit compte de fon tems. S'il trouvoit que fon fils avoit utilement employé la journée, il le recompenfoit. — Si non il le punifoit comme il l'avoit mérité; c'eft ce qui auroit dû le rendre appliqué et attentif, mais, hélas! le père se voyoit presque toujours forcé de le punir et n'avoit que rarement le plaisir de le récompenser, de façon que Henri menoit une vie très malheureuse.

4.

Un jour il se dit à lui-même: ah! malheureux que je suis! Tous les jours corrections nouvelles, châtimens nouveaux; jamais je ne puis en agir à ma tête. Je ne veux plus supporter ces tourmens et cette gêne; mais j'y fais remède. — Je quitterai la maison à la première occasion que j'en trouverai.

Pour son malheur cette occasion se présenta dès le lendemain. Son père ayant reçu avis de la mort d'un frère, qui demeuroit dans la partie septentrionale de l'Irlande, il prit congé de son fils en lui recommandant de se bien conduire pendant son absence, lui remit 200 guinées (environ f 2200) pour les remettre à un marchand de la même ville et partit pour Londonderry.

5.

Henri voyant son père parti, fit accroire au premier commis qu'il alloit porter l'argent à son adresse; mais il partit immédiatement, par la diligence, pour Wicklow, ville à six lieues au sud de Dublin, puis pour Wexford à 11 lieues de là, s'embarqua, passa en Angleterre et arriva bien-tôt à Bristol.

6.

Le père, comme nous l'avons dit, s'étoit mis en voyage le même jour qu'il avoit remis l'ar-

gent à fon fils. Le premier commis, ne voyant
pas revenir celui-ci au foir, fit le lendemain à la
vérité, quelques perquifitions, mais fans fruit, et
ne pouvant quitter le comptoir et la maifon pendant l'abfence de fon maître, le père n'apprit que
peu avant fon retour l'évafion de fon fils, fans cela
il fe fut certainement mis à fa pourfuite : mais, maintenant il étoit trop tard ; quoiqu'il fe donnât encore
beaucoup de peines inutiles pour le retrouver. C'eſt
ce qui l'affligea beaucoup, et le brave homme fut
très inquiet fur le fort de fon fils rebelle et dès-
obéiffant. — Depuis ce tems il n'y eut plus pour
lui de joie dans la vie ; car malgré la mauvaife
conduite et l'ingratitude de fon fils, il l'aimoit tendrement, comme tous les pères et toutes les mères
aiment leurs enfans, quoique fouvent ces derniers
ne le méritent guères. Quant à Henri, il ne pen-
foit plus du tout à fon père ; il avoit atteint l'âge
de 17 ans et fe crut affez fage pour fe gouverner.
Nous allons voir ce qui en étoit.

7.

Bristol, où nous avons dit que Henri arriva, eſt
une ville très belle et très marchande fur l'Avon
rivière qui fe jette dans le golfe de Bristol ; après
Londres et Yorc, c'eſt peut-être la ville la plus
riche et la plus grande de l'Angleterre. Auffitôt
après fon arrivée, Henri fut fe loger dans une
des principales hôtelleries, fans favoir proprement
lui-même ce qu'il feroit après cela, ou de quel
côté il tourneroit fes pas.

Dans la même auberge fe trouvoit par hazard une
de ces perfonnes qui n'ayant point de métier, ni

la moindre envie de travailler, s'appliquent à duper les gens sans expérience et à vivre aux dépens d'autrui.

.Ce chevalier d'industrie, nommé Morton, vit le jeune déserteur et se dit à lui-même : comment ! un jeune homme de cet âge, tout seul et pourvû de tant d'argent, car Henri n'avoit pas eu la prudence de le tenir caché, certainement c'est quelqu'un qui a quitté furtivement la maison de son père ou de ses tuteurs en les volant à compte de son héritage. Bravo ! c'est du gibier que la fortune m'envoye ; tâchons de profiter de l'occasion.

8.

Là-dessus il fit connoissance avec Henri et lui parla ainsi :

Monsieur logera-t-il ici cette nuit ?

H. Oui monsieur, c'est mon intention. J'espère qu'on y est bien ?

M. A vous dire la vérité, je n'en sais rien. Je ne fais que d'arriver pour affaires de commerce et je compte repartir pour Londres dès demain ; mais soyez sur vos gardes ; je vois que vous avez de l'argent sur vous. Les chemins sont dangereux à cause des voleurs, et l'on n'est par sûr même dans toutes les hôtelleries. Moi même j'ai une assez grande somme dans ma malle ; si vous voulez, nous prendrons une chambre en commun ; deux hommes peuvent toujours mieux se défendre en cas de danger qu'un seul ; d'ailleurs on voit bien que vous êtes un jeune homme de qualité, qui ne voyage que pour son plaisir, et il n'en faut pas d'avantage pour attirer les voleurs.

H. Voilà qui est très bien avisé, et très obligeant de votre part: si je ne vous incommode pas je veux bien vous tenir compagnie jusqu'à Londres; car j'ai envie de voir la capitale, et je ne voyage que pour mon plaisir, comme vous l'avez bien deviné. —

9.

La partie étant ainsi faite, Henri, qui ne soupçonnoit rien, se mit gaiement à souper avec ce nouveau compagnon de voyage. Morton mit adroitement dans le verre du jeune homme, quelques gouttes d'un soporifique, c'est à dire, d'une liqueur qui assoupit et fait dormir profondément, et peu après ils se couchèrent.

Le lendemain Morton se leva de grand matin, s'empara de la bourse de Henri, de quelque argenterie de l'hôte et s'esquiva. Henri cependant ne s'éveillant pas, l'hôte qui commençoit à soupçonner quelque chose, vint enfin le réveiller à dix heures ; mais quelle fut sa surprise lorsqu'il ne trouva ni son argent, ni son compagnon de voyage !

10.

Que faire maintenant, sans argent, sans ressource, dans une ville où il ne connoît personne; n'ayant pas même de quoi payer l'hôte ! que dis-je ! hors d'état d'acheter seulement un morceau de pain quand la faim le prendra ! oh ! qu'il voudroit de tout son coeur rétourner chez son père, et se soumettre au châtiment que celui-ci pourroit lui faire subir ; mais il n'a pas le sou pour faire le voyage ; il va être chassé de la maison où il se trouve et sera obligé de mendier son pain.

Oh ! s'écria-t-il, après avoir fait toutes ces réflexions, insensé que j'étois de quitter la maison paternelle et de voler mon père ! Je vois bien à présent que l'argent volé porte malheur ; car il m'a jetté dans le plus cruel embarras et puis s'en est allé comme il étoit venu. — Pour comble de malheur je n'ose pas même m'en plaindre, ni faire poursuivre le perfide Morton.

Que répondrois-je en effet, si l-on me demandoit : où avez vous pris cet argent ? — Ne ferois-je pas découvert moi-même et puni comme voleur, d'autant plus que cette somme n'étoit plus à mon père ; mais au marchand à qui j'avois ordre de la remettre.

II.

Laissons pour un moment le malheureux jeune homme livré à ses réflexions et voyons ce que devint Morton. Au lieu de partir pour Londres, il avoit passé en Irlande, dans un vaisseau dont il s'étoit déjà informé la veille et qui étoit tout prêt à mettre en mer. Ayant pris terre à Dublin, il fut vendre, au premier orfèvre, l'argenterie qu'il avoit volée à Bristol, et s'adressa sans le savoir au frère même de l'hôte. Celui-ci la reconnut dabord ; car depuis peu il en avoit fait présent, à son frère, à l'occasion du mariage de celui-ci. Cet orfèvre fuivit adroitement Morton, et puis le fit arrêter comme une perfonne fuspecte.

Or le juge de paix devant lequel Morton fut conduit, étoit le père de notre Henri. — Il examina les effets du voleur et reconnut le fac que fon fils avoit emporté et où fe trouvoit fon cachet. Peu après Morton fut puni comme il le méritoit.

12.

Henri cependant, après avoir bien pefé le pour et le contre, prit le parti de s'esquiver tout doucement fans payer, en difant qu'il reviendroit fur le midi, et qu'en attendant le diné, il alloit faire un tour par la ville. Alors, fe dit il, je me ferai enrôler comme matelot.

De toutes les refolutions qu'il auroit pu prendre, celle-là étoit fans doute la plus extravagante. Non qu'il ne foit fort honorable de fervir la patrie fur mer; mais un jeune homme qui a trouvé les corrections paternelles trop dures, comment fouffrira-t-il la discipline militaire, bien plus rigoureufe encore. Qu'euffiez vous fait à fa place? Il y avoit un parti fort fage et fort raifonnable à prendre; mais il ne s'en avifa pas: voyons fi vous vous en aviferez.

Il fortit donc, à desfein de ne pas revenir; mais par malheur l'hôte decouvrit bientôt qu'on l'avoit volé, il falloit que ce fut Morton ou Henri. Dâns cette incertitude il les fit chercher tous deux. Le premier étoit hors de fes atteintes; mais le fecond

fût bientôt trouvé, faifi et mis entre les mains de
la juftice.

13.

Le voilà donc tombé, comme on dit, de fiè-
vre, en chaud mal, et ce qu'il avoit inventé,
pour fe tirer d'embarras, l'avoit mis dans un plus
grand embarras encore ; il n'a pour demeure
qu'une prifon lugubre, pour couche une poignée
de paille humide, un foible crépuscule qui péné-
tre à travers la petite fenêtre grillée de fa prifon pour toute lumière, du pain fec pour toute
nouriture et les remords de fa confcience pour
toute converfation ; voilà l'état d'un jeune homme
qui n'a jamais manqué de rien et dont un père tendre et riche avoit toujours prévenu jufqu'aux moin-
dres befoins.

Sur de fimples foupçons on ne l'eût certaine-
me nt pas traité avec tant de rigueur ; mais il y
avoit une circonftance très aggravante dans cette
affaire.

Preffé comme il étoit, Morton avoit laiffé tomber
dans l'appartement où il avoit couché avec Henri,
une petite cuillère d'argent.

Henri la trouva et, retenez bien ceci, celui
qui vole une fois, rétombe aifément dans la même
faute quand il en trouve l'occafion, dans l'embarras où il étoit, il s'en faifit et la mit fur lui.
Lorfqu'il fut arrêté on le fouilla, et quand on eut
trouvé la cuillère on ne douta plus du tout qu'il
n'eût auffi volé le refte, ou qu'au moins il ne fût
complice de Morton, qu'on ne pouvoit trouver.

C'est ainsi que le mal retourne presque toujours sur celui qui le commet, et celui qui fait du mal, sans être decouvert, se trouve animé par la prétendue impunité; il continue à faire du mal, jusqu'à ce qu'enfin on le découvre et le punisse de tout à la fois.

14.

Morton ayant avoué qu'il avoit volé l'argenterie à un Hôte de Bristol et que le sac et les guinées étoient d'un jeune voyageur qu'il avoit rencontré dans une hôtellerie de cette ville, le père de Henri apprit par ce moyen quelle route avoit pris son fils, et qu'il seroit probablement encore à Bristol.

Ce bon père partit dont incontinent pour cette ville, afin de rapporter à l'hôte ses effets et de s'informer de son fils; ce ne fut qu'en y arrivant qu'il apprit que celui-ci étoit en prison.

Après s'être fait instruire des circonstances et des causes de son emprisonnement, il voulut le voir et lui parler; mais n'ayant pu d'abord en obtenir la permission, il lui écrivit la lettre suivante:

15.

Fils désobéissant!

Tu seras surpris, peut-être, de recevoir une lettre d'un père, que tu as si grièvement offensé. Certainement tu mériterois que je t'abandonnasse à ton mauvais sort. — Il est vrai, tu n'a pas volé ce qu'on t'accuse d'avoir pris ; mais tu m'as volé moi. Ne pense pas que je parle de l'argent que tu as emporté ; c'est beaucoup, sans doute ; mais tu as fait pis que cela. Tu m'as privé d'un fils dont j'avois droit d'espérer qu'il feroit un jour le soutien et la consolation de ma vieillesse, en recompense de toutes les peines qu'il m'a couté, de tous les soins que j'ai pris de lui, des fraix de son éducation et de la tendre sollicitude avec laquelle j'ai toujours pourvu à tous ses besoins ! Rentre en toi-même, malheureux ! réfléchis au tort que tu t'es fait. Tu t'es échappé de la maison paternelle... mais échapperas-tu aussi, à ta conscience qui t'accuse et te reproche ta noire ingratitude ? Peux tu échapper à l'Etre suprême qui punit les enfans désobéïssans ? Non certainement, tu ne le saurois et les malheurs qui te sont déjà arrivés et ceux qui t'attendent encore si tu ne reviens à ton devoir, doivent te prouver qu'un fils rebelle ne sauroit être heureux, ni dans ce monde-ci, ni dans l'autre.

En attendant les années s'envolent ; tu n'es plus un enfant ; mais un jeune homme, qui pourroit être utile à la société ; à quoi es tu bon ? peux tu déjà gagner ta vie ? saurois-tu te passer de mes soins ?... mais que dis-je ! je perds de vue la situation malheureuse où tu te trouves ; tu expies, tu déplores peut-être ton inconduite, dans une prison dont j'aurai de la peine à te tirer. — Lis cette lettre et tandis que je ferai pour toi tout ce que je puis, prie l'Etre suprême qu'il bénisse mes efforts ; mais surtout prens une ferme résolution de te corriger. Car sans cela tu ne

peux manquer de tomber de malheur en malheur.
Ah ! si tu pouvois voir et sentir combien je t'aime encore malgré tout ce qui vient d'arriver ! et combien je souffre de ton malheur ! Adieu !

16.

Henri lut cette lettre et l'arrosa de ses larmes. Oui ! s'écria-t-il à la fin, oui ! père chéri ! j'ai mérité de perdre votre amour ; j'ai méprisé vos exhortations et ne suis plus digne que vous vous intéressiez à mon sort ; je vois bien à présent que, malgré votre dureté apparente, vous m'aimiez toujours tendrement et m'aimez encore. — Ah ! je le sens vivement ; le fils qui posséde encore son père ou sa mère est toujours sûr de trouver un coeur qui s'intéresse à son sort. Qui pourroit me pardonner et m'aimer encore, si ce n'étoit vous dont j'ai méconnu si longtéms l'amitié et la tendresse et qui volez à mon secours sur la première nouvelle de l'état où je me trouve ! Ah ! si jamais j'ai le bonheur de vous revoir et de vous embrasser en liberté, je fais voeu d'employer tous mes efforts pour me corriger, pour vous prouver combien mon répentir est sincére et pour dédommager votre coeur paternel de tout ce que ma pétulance et mon opiniâtreté vous ont fait souffrir.

17.

Ses voeux furent exaucés ; le père prouva clairement, que dans l'affaire de Morton son fils avoit été plutôt malheureux que criminel, et Henri après avoir recouvré fa liberté tint parole et perfévéra dans les bonnes réfolutions qu'il avoit prifes. Retourné dans la maifon paternelle, il s'appliqua férieufement à remplir fes devoirs. Enfin il devint la confolation et la joie de fon père, vécut heureux et content, et mourut dans un âge très avancé, honoré et chéri de tous ceux qui l'avoient connu.

Puiffent les enfans, qui liront cette histoire, comprendre et fentir que jamais les pères et les mères ne les puniffent que pour leur bien, et toujours à contre-coeur. — Qu'un enfant qui trompe fes parens ne fauroit manquer de fe rendre malheureux; qu'il n'est point de meilleurs amis que nos pères et nos mères, qui s'intéreffent à nous lorsque tout nous abandonne et qui fe priveroient du neceffaire plutôt que de nous laiffer manquer de rien. Enfin, que Dieu, qui punit les enfans rebelles, chérit et bénit auffi ceux qui respectent les auteurs de leurs jours.

PIECES EN VERS.

Sentiment à la vue des oiseaux.

Que chantez-vous, petits oiseaux ?
Je vous regarde et vous écoute ;
C'est Dieu qui vous a faits si beaux ;
Vous le chantez sans doute.

Son nom vous anime en ces bois,
Vous n'en célébrez jamais d'autre ;
Faut-il que mon ingrate voix
N'imite pas la vôtre ?

Vos airs si tendres et si doux
Lui rendent tous les jours hommage ;
Je le bénis bien moins que vous,
Et lui dois davantage.

L'espérance.

Tout ressent les douceurs de l'aimable espérance.
Un sort d'un autre sort attend la différence.
La nuit attend du jour l'admirable beauté ;
Le jour attend des nuits le répos souhaité.
L'hiver attend le tems où la rose boutonne.
Le Printems veut l'Eté, qui brûle pour l'Automne ;
Et l'Automne gémit, foulant ses vins pressés ;
Pour jouir dans l'Hiver de ses fruits amassés.

L'enfant sur la table.

Un enfant s'admiroit, placé sur une table.
,,Je suis grand,'' disoit-il.   Quelqu'un lui répondit:
Descendez! vous serez petit.

Quel est l'Enfant de cette fable?
Le riche qui s'enorgueillit.

Le pauvre homme et le voleur.

Un pauvre homme apperçut dans sa chambre la nuit,
Un voleur qui croyoit trouver là quelque somme,
Il fit un si grand cri que le voleur s'enfuit,
Et laissa son manteau qui servit au pauvre homme.

L'avare volé.

L'avare dans son pré enterra son trésor:
On le vole. Ah! dit-il, je suis à la besace!
Mettez, répond quelqu'un, une pierre à la place,
Elle vous servira tout autant que votre or.

Le Boeuf et la vache.

Une vache railloit avec peu de justice,
Un boeuf qu'à la charruë elle voyoit tirer:
Mais comme on la menoit un jour au sacrifice,
Adieu, lui dit le boeuf, je m'en vais labourer.

Le Cheval et l'Ane.

Auprès d'un roussin d'Arcadie,
   Un fier courier de l'Arabie,
S'en vint caracoler et prendre ses ébats:
Le besoin de jaser rapproche les états;
De l'âne qui cherchoit sa misérable vie,
   Bientôt il fait sa compagnie.
Pour éviter plus sûrement l'ennui,
Il parle, il parle, et c'est toujours de lui.
Avec leurs protégés, des puissans c'est l'usage.
   Ce beau cheval fait étalage
De ses ayeux, de son illustre nom;
Il vante son allure et son leste équipage,
L'herbe fine et les grains qu'on lui donne à foison,
Puis la commodité de sa vaste maison.
Le baudet, qui, malgré l'opinion vulgaire,
A de la bonhommie et beaucoup de raison,
Lui répliqua sans humeur, sans colère:
Oses-tu bien vanter richesse et grande chère
Devant un malheureux qui n'a que du chardon?
   C'est insulter à sa misere:
Ou tu manques d'esprit, ou ton coeur n'est pas bon.

Le Loup à l'école.

Le loup naît, dit-on, carnassier;
Pour le faire changer de rôle
Chez le professeur du quartier
On le mit tout jeune à l'école,
Là, son maître sur son papier

Ecrivit en gros caracteres,
Non point l'alphabet tout entier,
Seulement les lettres premieres;
Mais au-lieu de lire A, B, C,
Comme le maître avoit tracé
Ces lettres fur fon exemplaire.
Notre vorace louveteau
Couramment et d'une voix claire.
Lut: *Agneau, Brebis, et Chevreau.*

Il faut céder à la nature,
L'inftinct peut plus que la culture.

———————

Le Soc et l'Epée.

Dans un champ ifolé, réfuge de la paix,
A l'abri de tous les forfaits
Du fleau destructeur qui ravage la terre,
A l'abri des horreurs de l'homicide guerre,
Se trouvoit par hazard un glaive étincelant,
De fang humain encor tout ruisfelant:
On trembloit à fa feule vue
Plus loin s'offroit aux yeux ce fer fi bienfaifant.
Le foc, cet utile inftrument
Qui s'asfocie à la charrue.
D'un accent foldatesque, et d'un air infolent,
L'épée infulte à toute outrance
E'honnête foc, qui gardoit le filence:
Nul ne reçoit l'outrage impunément.
A la fin, perdant patience,
Il répond au brutal, avec tranquillité:
D'où vous viendroit tant de fierté?

Allez servir la barbarie,
Complice de tant d'assassins;
Je crois entre nous deux la distance etablie;
Je coniribue à nourrir les humains
Et vous, cruel, et vous, vous leur ôtez la vie. —

Le danseur de corde et le balancier.

Sur la corde tendu un jeune voltigeur
Apprenoit à danser; et déjà son adresse,
    Ses tours de force et de souplesse
    Faisoient venir maint spectateur.
Sur son étroit chemin on le voit qui s'avance;
Le balancier en main, l'air libre, le corps droit,
    Hardi, léger autant qu'adroit,
Il s'éleve, descend, va, vient, plus haut s'élance,
    Retombe, remonte en cadence,
    Et, semblable à certains oiseaux
Qui rasent en volant la surface des eaux,
    Son pied touche, sans qu'on le voie,
A la corde qui plie et dans l'air le renvoie.
Notre jeune danseur tout fier de son talent,
Dit un jour : à quoi bon ce balancier pesant
    Qui me fatigue et m'embarrasse ?
Si je dansois sans lui, j'aurois bien plus de grace,
    De force et de légéreté.
Aussitôt fait que dit, le balancier jetté,
Mon étourdi chancelle, étend les bras et tombe.
Il se casse le nez et tout le monde en rit.

Jeunes gens, jeunes gens, ne vous a-t-on pas dit
Que sans regle et sans frein tôt ou tard on succombe?

La vertu, la raison, les loix, l'autorité,
Dans vos désirs fougueux vous causent quelque peine,
C'est le balancier qui vous gêne,
Mais qui fait votre sûreté.

L'Oison et le Serpent.

Je suis le favori des cieux,
Disoit un jour l'oison tout orgueilleux;
Et se croyant un personnage:
Fst-il quelque animal, en ce vaste univers,
Qui puisse avoir reçu tant de dons en partage?
Je suis fait pour les eaux, pour la terre et les airs.
Ennuyé de marcher, je nage;
Et, suivant mes goûts divers,
S'il me plaît de voler, je vole.
Compere, lui dit le serpent,
En sifflant,
Pourquoi s'enorgueillir d'un mérite frivole?
Attends, pour nous vanter ces dons,
Que tu puisses des cerfs égaler la vitesse,
La rapidité des faucons,
Ou l'agilité des poissons.

N'oubliez pas ceci, trop aveugle jeunesse:
Savoir un peu de tout, et rien parfaitement,
Aux yeux du sage est un mince talent.